School - училище	2
Törn - пътуване	5
Transport - транспорт	8
Stadt - град	10
Landschop - пейзаж	14
Spieslokal - ресторант	17
Supermarkt - супермаркет	20
Drünk - напитки	22
Eten - ядене	23
Buernhoff - селски двор	27
Huus - къща	31
Wahnstuuv - всекидневна	33
Köök - кухня	35
Baadstuuv - баня	38
Kinnerstuuv - детска стая	42
Tüüch - облекло	44
Büro - офис	49
Weertschop - икономика	51
Profeschonen - професии	53
Warktüüch - инструменти	56
Musikinstrumenten - музикални инструменти	57
Deertenpark - зоологическа градина	59
Sport - спорт	62
Aktivitäten - дейности	63
Familje - семейство	67
Lief - тяло	68
Krankenhuus - болница	72
Nootfall - спешен случай	76
Eerd - Земя	77
Klock - часовник	79
Week - седмица	80
Johr - година	81
Formen - форми	83
Farven - цветове	84
Gegendelen - противоположности	85
Tallen - числа	88
Spraken - езици	90
wokeen / wat / wo - кой / какво / как	91
wo - къде	92

AF219264

Impressum
Verlag: BABADADA GmbH, Nedderfeld 112 , 22529 Hamburg
Geschäftsführer / Verlagsleitung: Harald Hof
Druck: Books on Demand GmbH, In de Tarpen 42, 22848 Norderstedt

Imprint
Publisher: BABADADA GmbH, Nedderfeld 112 , 22529 Hamburg, Germany
Managing Director / Publishing direction: Harald Hof
Print: Books on Demand GmbH, In de Tarpen 42, 22848 Norderstedt, Germany

School

училище

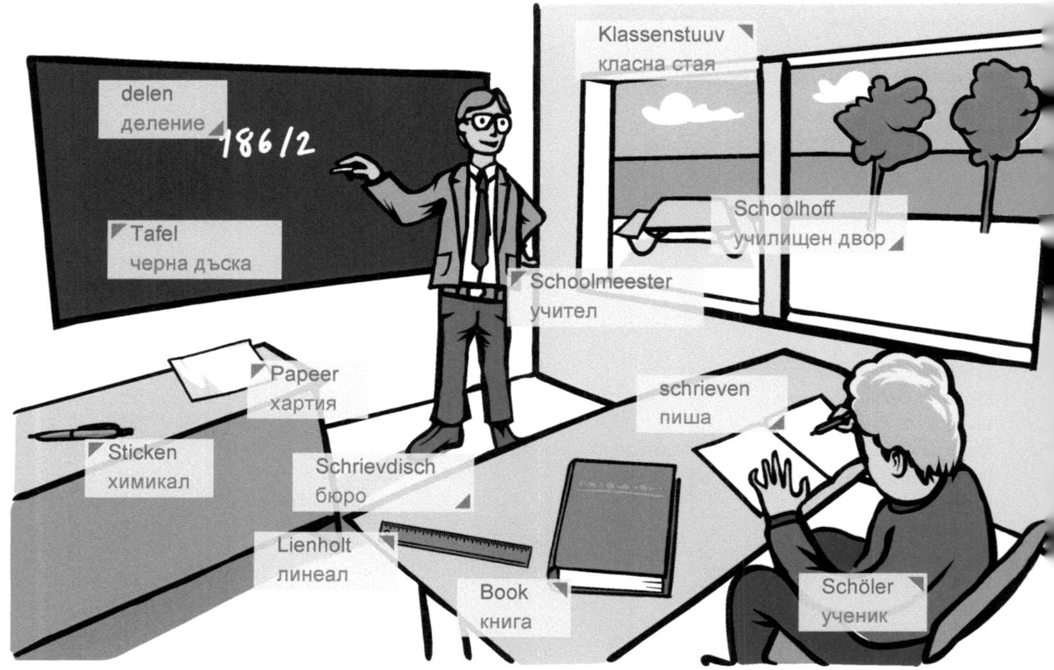

Klassenstuuv
класна стая
delen
деление
186/2
Tafel
черна дъска
Schoolhoff
училищен двор
Schoolmeester
учител
Papeer
хартия
schrieven
пиша
Sticken
химикал
Schrievdisch
бюро
Lienholt
линеал
Book
книга
Schöler
ученик

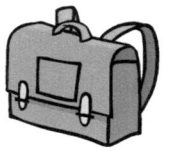

Ranzel

ученическа раница

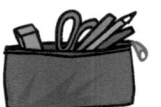

Feddermapp

ученически несесер

Bleesticken

молив

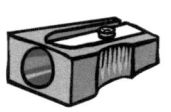

Scharpmaker

острилка за моливи

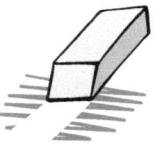

Radeergummi

гума

Tekenblock

блок за рисуване

Teken

рисунка

Pinsel

четка

Malkassen

акварелни бои

Scheer

ножица

Klever

лепило

Heft to'n Öven

тетрадка за упражнения

Huusopgaav

домашна работа

Tall

число

tohooptellen

събиране

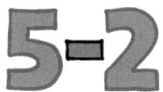

aftrecken

изваждане

malnehmen

умножение

reken

смятане

Bookstaav

буква

ABC

азбука

Woort

дума

Text

текст

lesen

чета

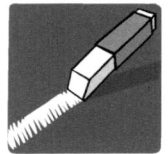

Kried

тебешир

Stunn

час

Klassenbook

дневник на класа

Pröven

изпит

Tüügnis

свидетелство

Schooluniform

ученическа униформа

Utbillen

образование

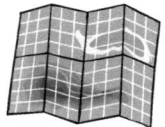

Nakieksel

справочник

Universität

университет

Mikroskop

микроскоп

Koort

карта

Papeerkorf

кошче за хартиени
отпадъци

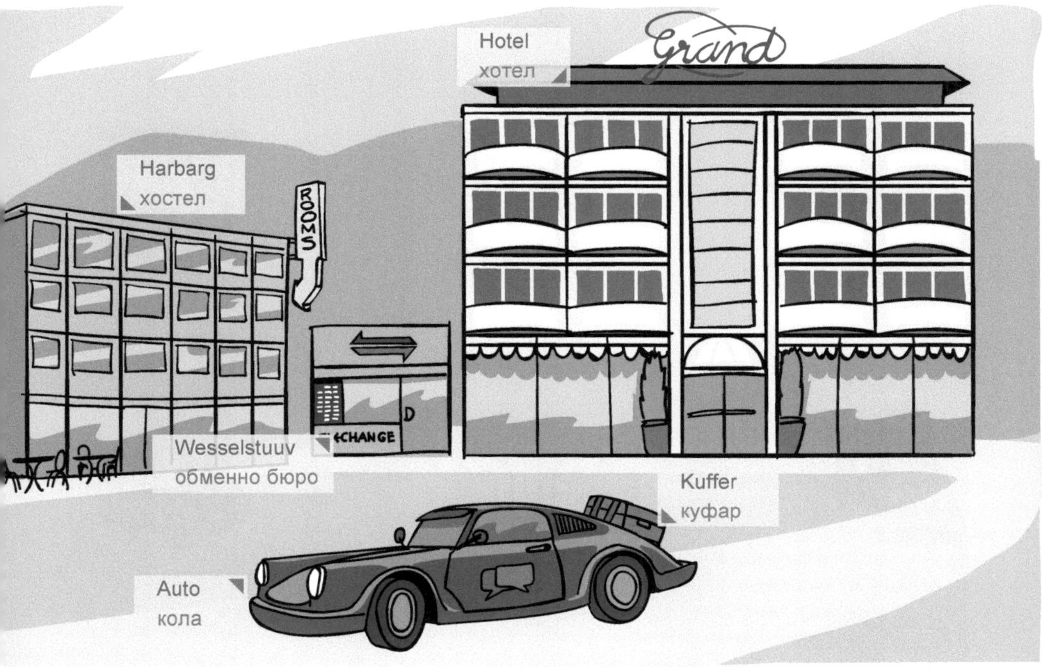

Hotel
хотел

Grand

Harbarg
хостел

ROOMS

Wesselstuuv
обменно бюро

ECHANGE

Kuffer
куфар

Auto
кола

Spraak

език

jo / ne

да / не

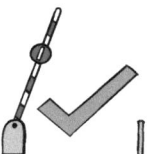

Jo

Окей

Moin

здравей

Översetter

преводач

Dank ok

Благодаря

Wat kost...?

Колко струва...?

Ik verstah nich

Не разбирам

Problem

проблем

Goden Avend

Добър вечер!

Moin!

Добро утро!

Gode Nacht!

Лека нощ!

Tschüüs

довиждане

Richt

посока

Bagaasch

багаж

Tasch

пътна чанта

Rüchsack

раница

Gast

посетител

Stuuv

стая

Slaapsack

спален чувал

Telt

палатка

Touristeninformatschoon

ристическа информация

Strand

плаж

Kreditkoort

кредитна карта

Fröhstück

закуска

Meddageten

обед

Avendeten

вечеря

Fohrkort

билет

Fohrstohl

асансьор

Breefmark

пощенска марка

Grenz

граница

Toll

митница

Bottschop

посолство

Visum

виза

Pass

паспорт

Transport

транспорт

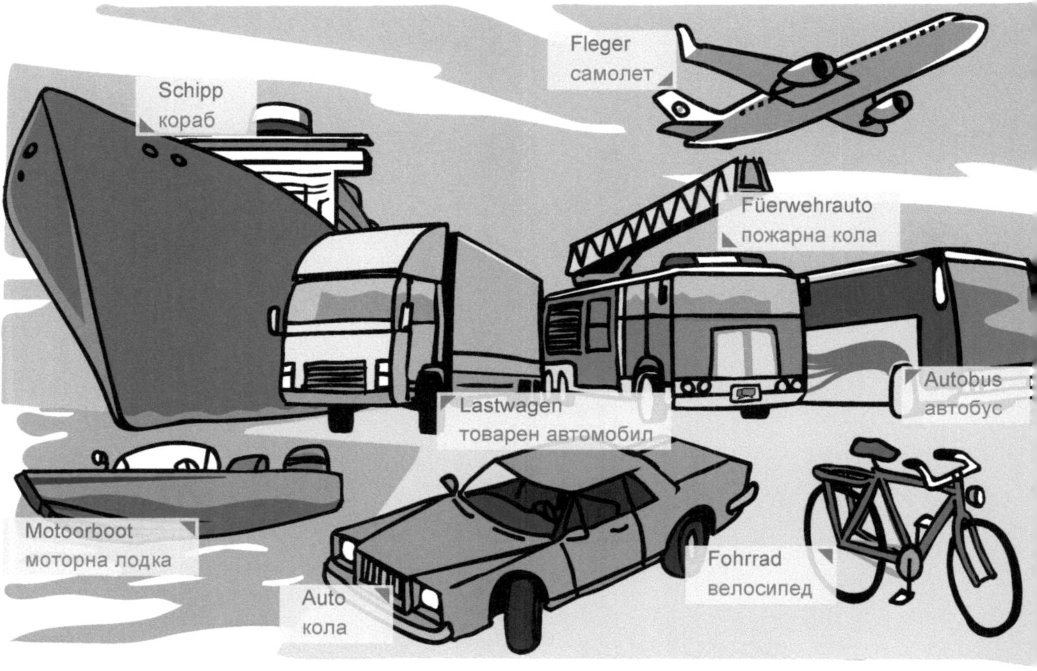
Fleger
самолет
Schipp
кораб
Füerwehrauto
пожарна кола
Autobus
автобус
Lastwagen
товарен автомобил
Motoorboot
моторна лодка
Fohrrad
велосипед
Auto
кола

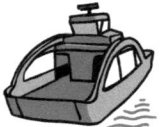

Fähr

фeрибот

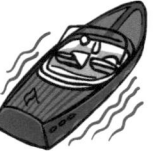

Boot

лодка

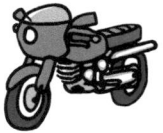

Motoorrad

мотоциклет

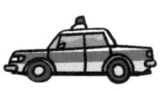

Polizeiauto

полицейска кола

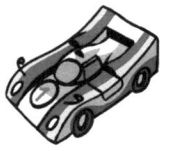

Rönnauto

състезателна кола

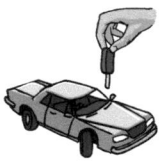

Lehnwagen

кола под наем

Carsharing

каршеринг

Afsleepwagen

автомобил от "Пътна помощ"

Müllauto

сметовоз

Motoor

двигател

Kraftstoff

бензин

Tanksteed

бензиностанция

Verkehrsschild

пътен знак

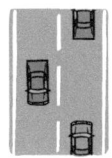

Verkehr

улично движение

Stau

задръстване

Afstellplatz

паркинг

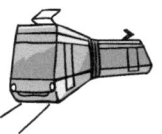

Bahnhoff

гара

Sporen

релси

Tog

влак

Stratenbahn

трамвай

Wagon

вагон

Dwarsmöhl

хеликоптер

Flooghaven

аерогара

Tower

кула

Fohrgast

пасажер

Grootkist

контейнер

Karton

кашон

Koor

ръчна количка

Korf

кошница

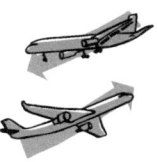

starten / lannen

излитам / приземявам се

Stadt

град

Dörp

село

Binnenstadt

градски център

Huus

къща

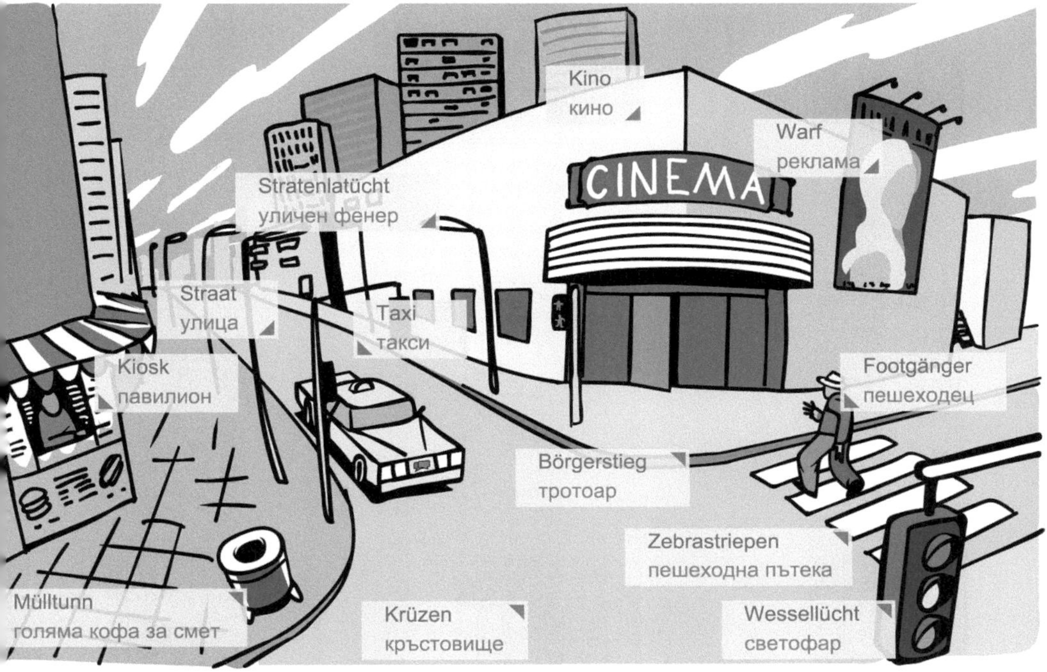

Kino
кино

Warf
реклама

Stratenlatücht
уличен фенер

Straat
улица

Taxi
такси

CINEMA

Footgänger
пешеходец

Kiosk
павилион

Börgerstieg
тротоар

Zebrastriepen
пешеходна пътека

Mülltunn
голяма кофа за смет

Krüzen
кръстовище

Wessellücht
светофар

Hütt
хижа

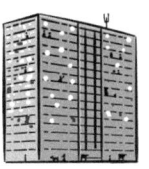

Wahnung
жилище

Bahnhoff
гара

Raathuus
кметство

Museum
музей

School
училище

Universität

университет

Bank

банка

Krankenhuus

болница

Hotel

хотел

Afteek

аптека

Büro

офис

Bookhökerie

книжарница

Hökerie

магазин за цветя

Blomenhökerie

магазин за цветя

Supermarkt

супермаркет

Markt

пазар

Koophuus

универсален магазин

Fischhökerie

търговец на риба

Inkoopszentrum

търговски център

Haven

пристанище

Parkanlaag

парк

Bank

пейка

Brüch

мост

Trepp

стълба

Ünnergrundbahn

метро

Tunnel

тунел

Busstoppsteed

автобусна спирка

Bar

бар

Spieslokal

ресторант

Breefkassen

пощенска кутия

Stratenschild

улична табелка

Parkklock

часовник за паркинг
престой

Deertenpark

зоологическа градина

Baadanstalt

плувен басейн

Moschee

джамия

Buernhoff

селски двор

Ümweltversmudden

замърсяване на околната среда

Karkhoff

гробище

Kark

църква

Speelplatz

детска площадка

Tempel

храм

Landschop

пейзаж

Blatt
листо

Wiespahl
пътепоказател

Weg
път

Wisch
ливада

Steen
камък

Wannerer
пътешественик

Boom
дърво

Fluss
река

Gras
трева

Bloom
цвете

Daal

долина

Barg

планина

See

море

Holt

гора

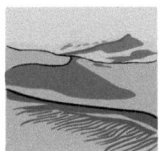

Wööst

пустиня

Füerspien Barg

вулкан

Slott

замък

Regenbagen

дъга

Poggenstohl

гъба

Palm

палма

Steekmück

комар

Fleeg

муха

Miegeemk

мравка

Imm

пчела

Spinn

паяк

Sebber

бръмбар

Pogg

жаба

Katteker

катеричка

Swienegel

таралеж

Haas

заек

Uul

кукумявка

Vagel

птица

Swaan

лебед

Wildswien

диво прасе

Hirsch

елен

Elk

лос

Staudamm

бент

Windrad

вятърна турбина

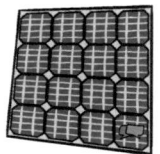

Solarmodul

соларен модул

Klima

климат

Spieslokal

ресторант

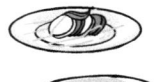

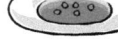

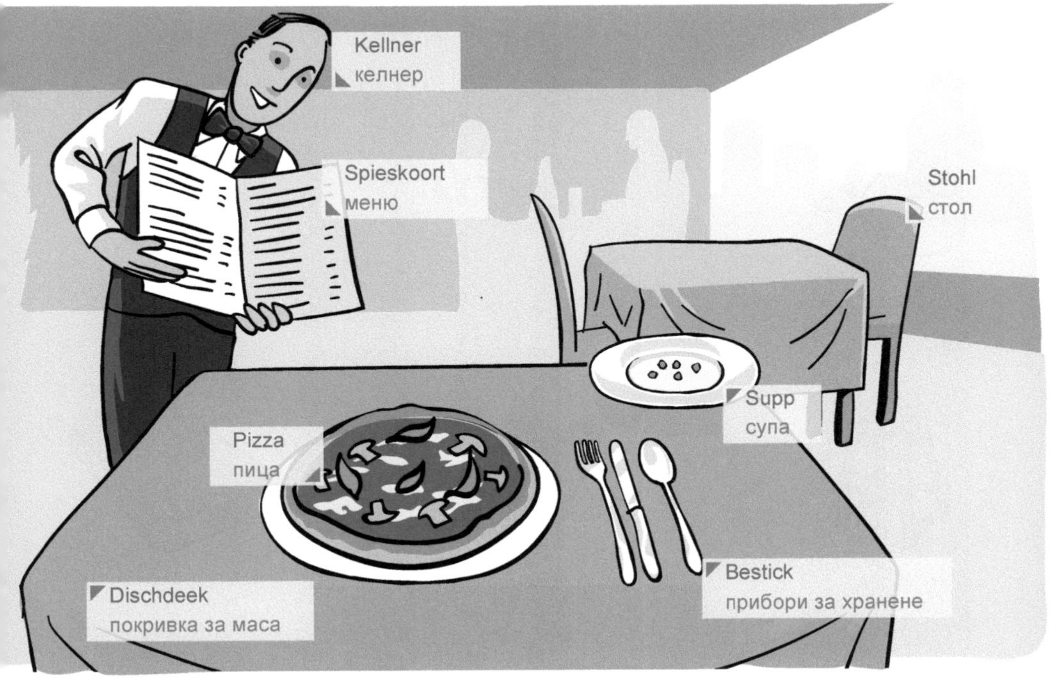
Kellner
келнер
Spieskoort
меню
Stohl
стол
Supp
супа
Pizza
пица
Bestick
прибори за хранене
Dischdeek
покривка за маса

Vörspies

предястие

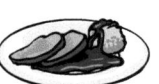

Haupteten

основно ястие

Nadisch

десерт

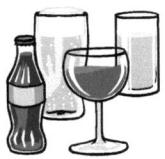

Drünk

напитки

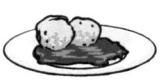

Eten

ядене

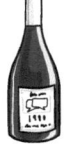

Buddel

бутилка

Fastfood

бързо хранене

Strateneten

улична храна

Teekann

кана за чай

Zuckerdoos

кутия за захар

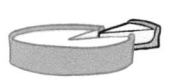

Portschoon

порция

Espressomaschien

еспресо машина

Hoochstohl

висок детски стол

Reken

сметка

Tablett

табла

Mess

ножица за нокти

Gavel

вилица

Lepel

лъжица

Teelepel

чаена лъжичка

Munddook

салфетка

Glas

стъклена чаша

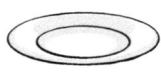

Töller

чиния

Suppentöller

чиния за супа

Ünnertass

чинийка

Sooß

сос

Soltstreuer

солница

Pepermöhl

мелничка за черен пипер

Etig

оцет

Ööl

олио

Krüder

подправки

Ketchup

кетчуп

Mostrich

горчица

Mayonnaise

майонеза

Supermarkt
супермаркет

Anbott
оферта
FOR
Kunn
клиент
Melkprodukten
млечни продукти
Aaft
плодове
Inkoopswagen
количка за покупки

BUTCHERS

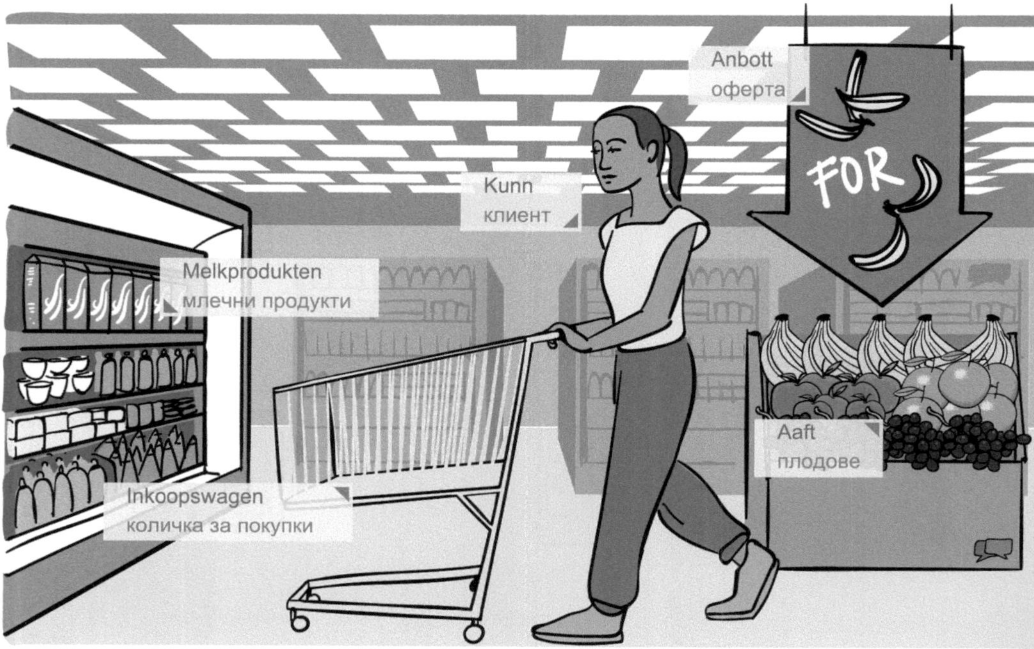

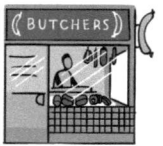

Slachterie

кланица

BAKERY

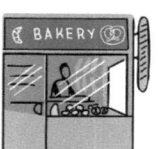

Bäckerie

хлебарница

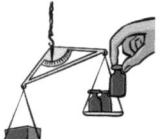

wegen

тегля

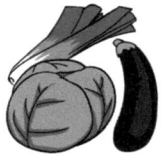

Gröönsaken

зеленчуци

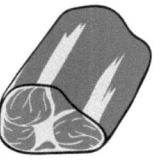

Fleesch

месо

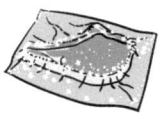

Deepköhlkost

дълбоко замразена храна

Opsnitt

нарязан колбас или сирене

Konserven

консерви

Waschmiddel

перилен препарат

Snoopkraam

лакомства

Huushooltssaken

домакински изделия

Reinmaaktüüch

почистващи препарати

Verköpersche

продавачка

Kass

каса

Kasserer

касиер

Inkoopslist

списък на покупките

Opsparrtieden

работно време

Breeftasch

портфейл

Kreditkoort

кредитна карта

Tasch

чанта

Plastiktüüt

пластмасова торба

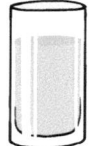

Water

вода

Saft

сок

Melk

мляко

Cola

кола

Wien

вино

Beer

бира

Spriet

алкохол

Kakao

какао

Tee

чай

Koffie

кафе машина

Espresso

еспресо

Cappucino

капучино

Banaan

банан

Appel

ябълка

Appelsien

портокал

Meloon

пъпеш

Zitroon

лимон

Wöttel

морков

Knuuvlook

чесън

Bambus

бамбук

Zibbel

лук

Poggenstohl

гъба

Nööt

ядки

Nudeln

макарони

Spaghetti

спагети

Ries

ориз

Salat

салата

Pommes frites

пържени картофи

Braadkantüffeln

печени картофи

Pizza

пица

Hamborger

хамбургер

Sandwich

сандвич

Snitzel

шницел

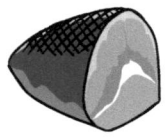

Schinken

шунка

Salami

траен колбас

Wust

салам

Hohn

пиле

Braden

печено

Fisch

риба

Haverflocken

овесени ядки

Müsli

мюсли

Cornflakes

корнфлейкс

Mehl

брашно

Croissant

кроасан

Rundstück

хлебчета

Broot

хляб

Toast

препечена филийка

Keksen

бисквити

Botter

масло

Quark

извара

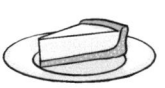

Koken

сладкиш

Ei

яйце

Spegelei

яйца на очи

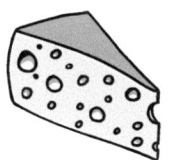

Kees

сирене

Ies

сладолед

Zucker

захар

Honnig

мед

Marmelaad

мармалад

Nougat-Creme

нуга крем

Curry

къри

Buernhoff
селски двор

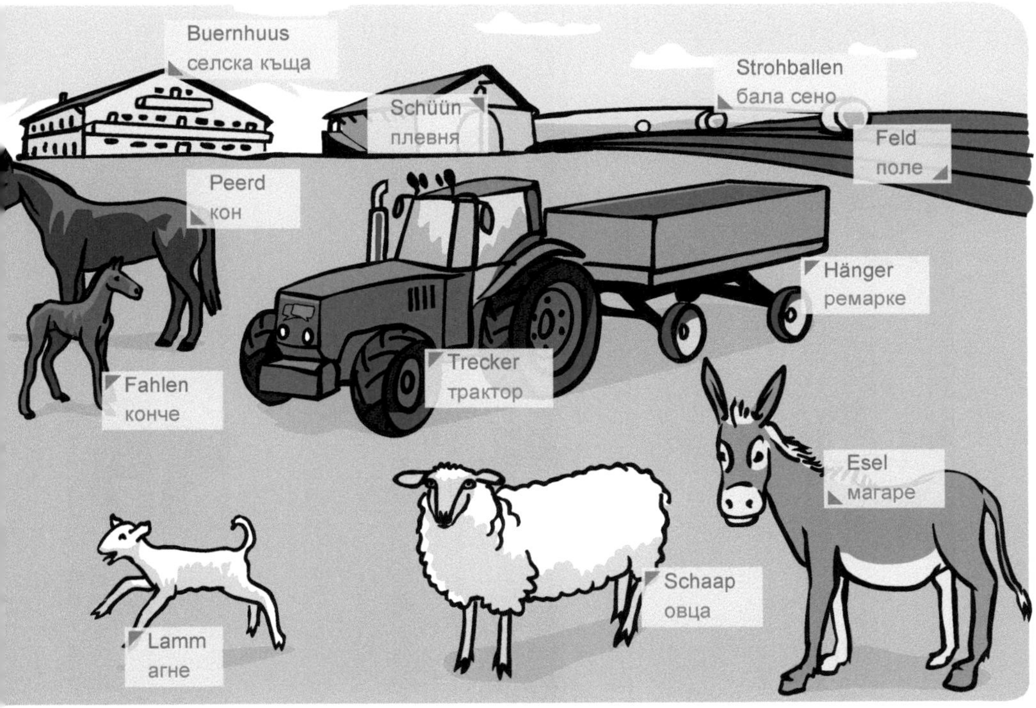

Buernhuus
селска къща
Schüün
плевня
Strohballen
бала сено
Feld
поле
Peerd
кон
Hänger
ремарке
Trecker
трактор
Fahlen
конче
Esel
магаре
Schaap
овца
Lamm
агне

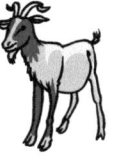

Zeeg

коза

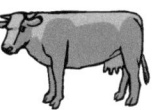

Koh

крава

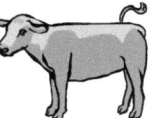

Kalf

теле

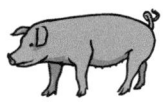

Swien

свиня

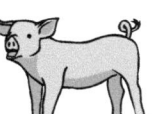

Farken

прасенце

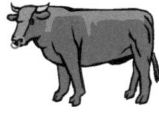

Bull

бик

Goos

гъска

Aant

патица

Küken

пиленце

Hohn

кокошка

Hahn

петел

Rott

плъх

Katt

котка

Muus

мишка

Oss

вол

Hund

куче

Hunnenhütt

кучешка колиба

Goornslauch

градински маркуч

Geetkann

лейка

Lee

коса

Ploog

плуг

Sich

сърп

Hack

мотика

Mestfork

вила за тор

Ext

брадва

Schuufkoor

ръчна количка

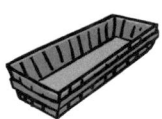

Trog

корито

Melkkann

съд за мляко

Sack

чувал

Tuun

ограда

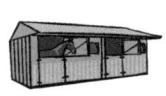

Stall

обор

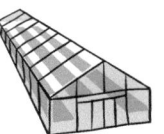

Drievhuus

парник

Bodden

земя

Saat

сеитба

Dünger

тор

Meihdöscher

комбайн

oornen

жъна

Oorn

реколта

Yamswöttel

ямс

Weten

жито

Soja

соя

Kantüffel

картоф

Törksche Weten

царевица

Rapp

рапица

Aaftboom

овощно дърво

Troopsch Kantüffel

маниока

Koorn

зърнени храни

Huus

къща

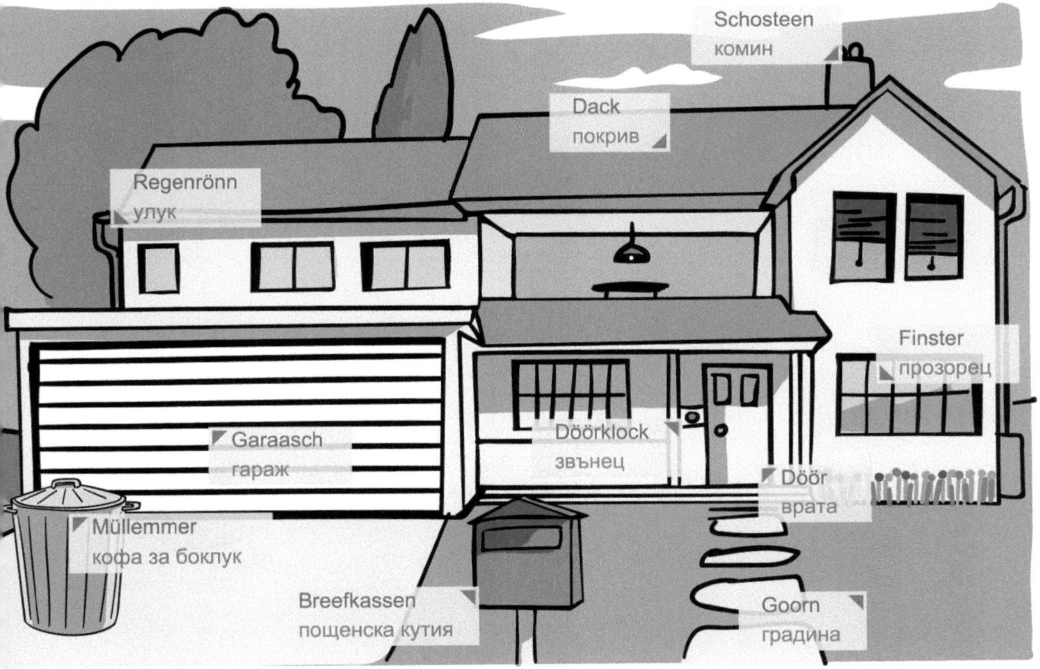
Schosteen
комин
Dack
покрив
Regenrönn
улук
Finster
прозорец
Garaasch
гараж
Döörklock
звънец
Döör
врата
Müllemmer
кофа за боклук
Breefkassen
пощенска кутия
Goorn
градина

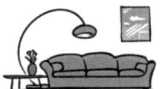

Wahnstuuv

всекидневна

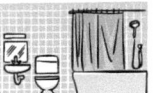

Baadstuuv

баня

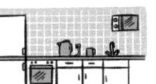

Köök

кухня

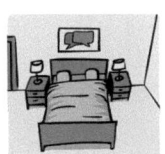

Slaapstuuv

спалня

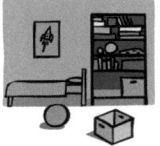

Kinnerstuuv

детска стая

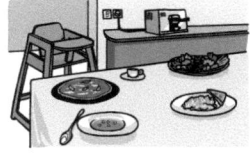

Eetstuuv

трапезария

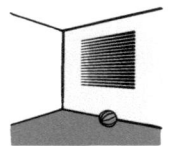

Footbodden
под

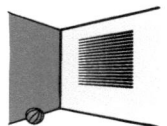

Wand
стена

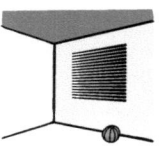

Deek
таван

Keller
изба

Hittluftbad
сауна

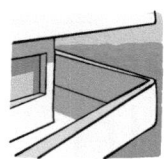

Balkon
балкон

Terrass
тераса

Swümmbad
плувен басейн

Rasenmeiher
косачка

Bettbetog
спално бельо

Bettdeek
покривка за легло

Puuch
легло

Bessen
метла

Emmer
кофа

Schalter
електрически ключ

Wahnstuuv
всекидневна

Tapeet
тапет
Bild
картина
Lamp
лампа
Regal
рафт
Schapp
шкаф
Kiekkassen
телевизор
Kamin
камина
Bloom
цвете
Küssen
възглавница
Sofa
канапе
Vaas
ваза
Feernbedenen
дистанционно управление

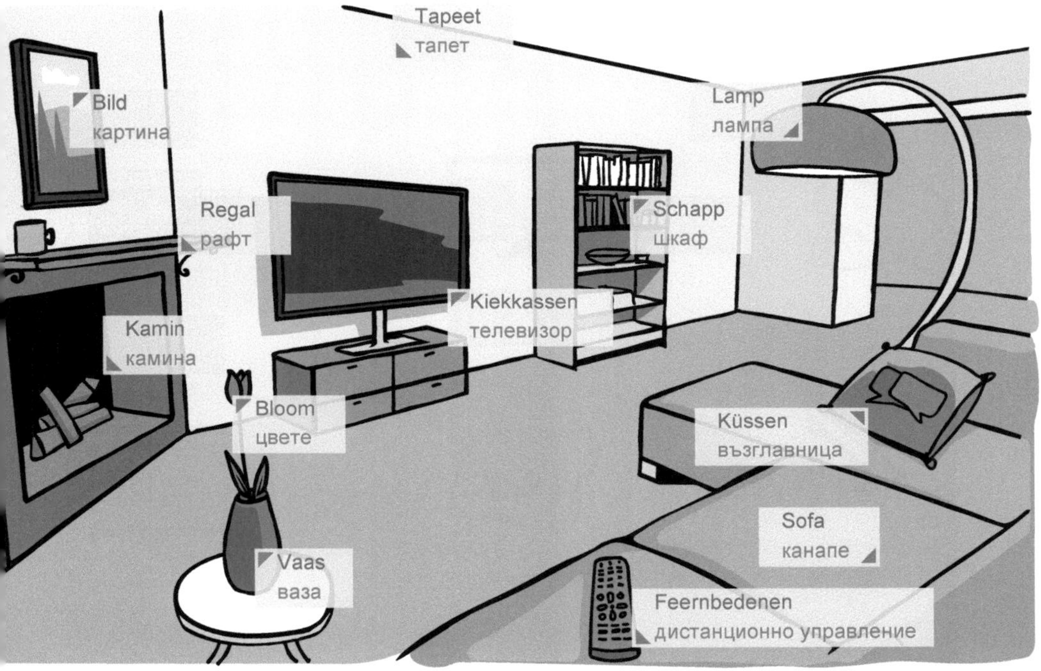

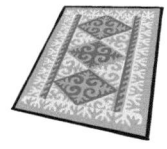

Teppich

килим

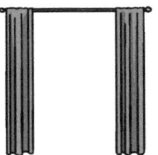

Vörhang

завеса

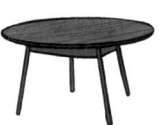

Disch

маса

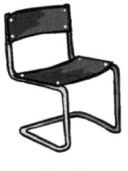

Stohl

стол

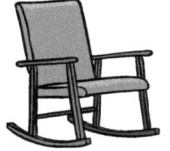

Schuckelstohl

люлеещ се стол

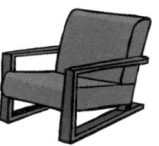

Sessel

кресло

Book

книга

Deek

одеяло

Dekoratschoon

декорация

Füerholt

дърва за отопление

Film

филм

Stereoanlaag

стерео уредба

Slötel

ключ

Narichtenblatt

вестник

Gemälde

живопис

Poster

постер

Radio

радио

Opschrievblock

бележник

Huulbessen

прахосмукачка

Kaktus

кактус

Kars

свещ

Köök

кухня

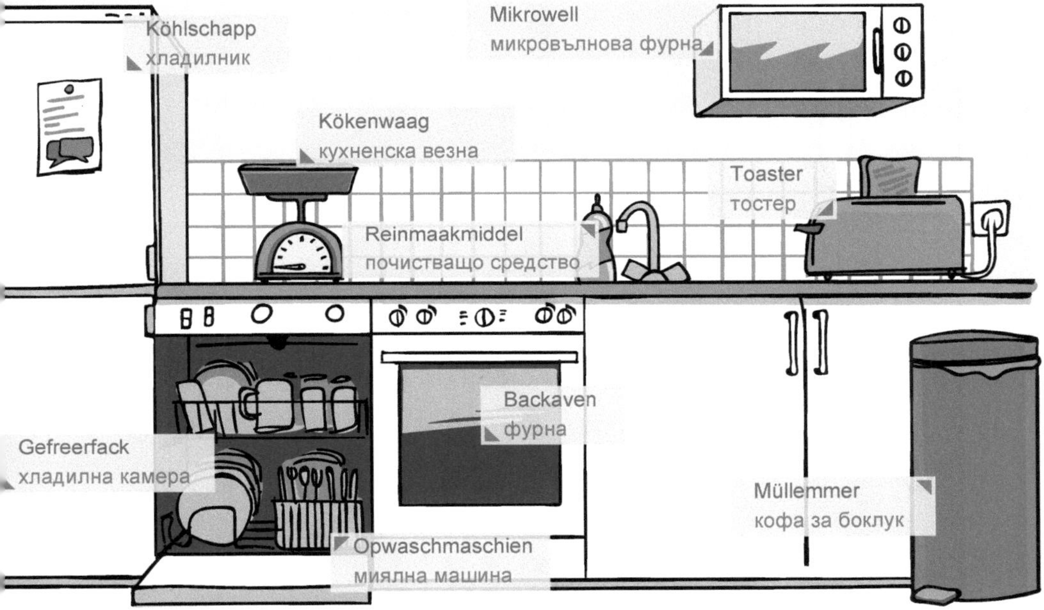
Köhlschapp
хладилник
Mikrowell
микровълнова фурна
Kökenwaag
кухненска везна
Toaster
тостер
Reinmaakmiddel
почистващо средство
Backaven
фурна
Gefreerfack
хладилна камера
Müllemmer
кофа за боклук
Opwaschmaschien
миялна машина

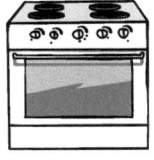

Heerd

готварска печка

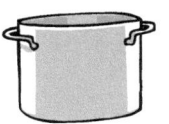

Pott

тенджера

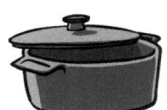

Gussiesern Putt

желязна тенджера

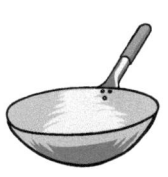

Wok / Kadai

уок / кадаи

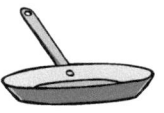

Pann

тиган

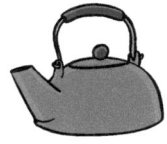

Waterkaker

кана за затопляне на вода

Dampkaakputt

уред за готвене на пара

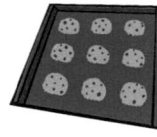

Backblick

тава за печене

Geschirr

съдове

Beker

чаша

Schaal

купа

Eetsticken

клечки за хранене

Suppenkell

черпак

Pannenwenner

лопатка за тиган

Sneebessen

тел за разбиване (на яйца, белтъци)

Kaakseef

кошница за варене

Seef

гевгир

Riev

ренде

Mörser

хаван

Grill

барбекю

Füerstell

огнище

Sniedbrett

дъска

Nudelholt

точилка

Proppentrecker

тирбушон

Doos

кутия

Dosenaapner

отварачка за консерви

Pottlappen

кухненска ръкохватка

Waschbecken

мивка

Böst

четка

Swamm

гъба

Mixer

миксер

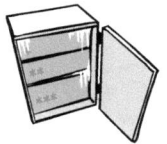

Iesschapp

фризер

Nuckelbuddel

бебешко шише

Waterhahn

воден кран

Baadstuuv
баня

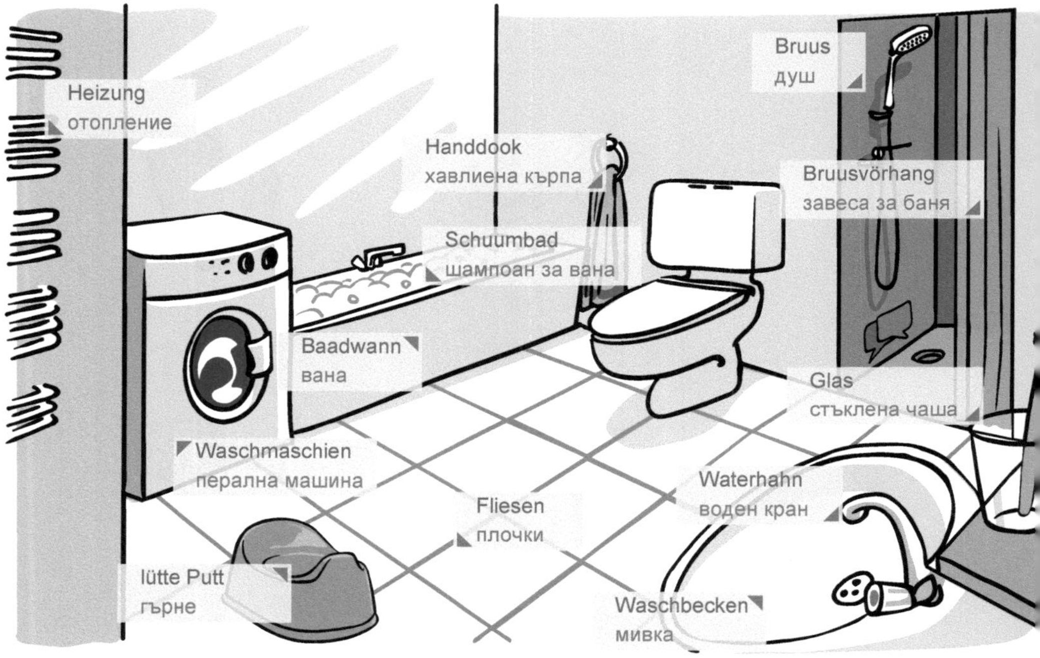

Bruus
душ
Heizung
отопление
Handdook
хавлиена кърпа
Bruusvörhang
завеса за баня
Schuumbad
шампоан за вана
Baadwann
вана
Glas
стъклена чаша
Waschmaschien
перална машина
Waterhahn
воден кран
Fliesen
плочки
lütte Putt
гърне
Waschbecken
мивка

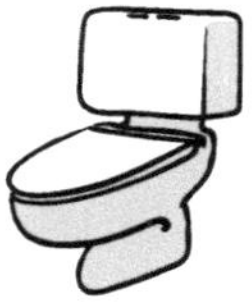

Tante Meier

тоалетна

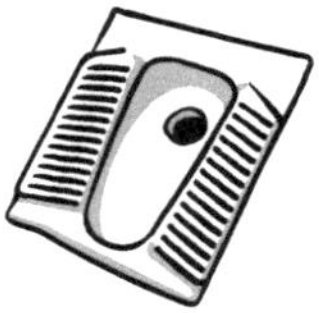

Hockklo

клекало

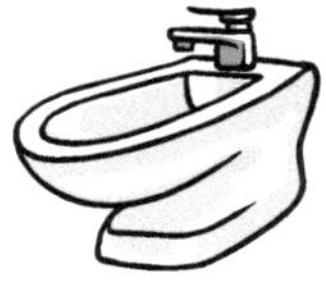

Bidet

биде

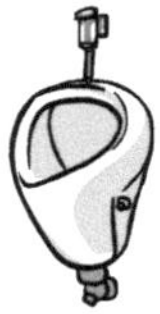

Miegbecken

писоар

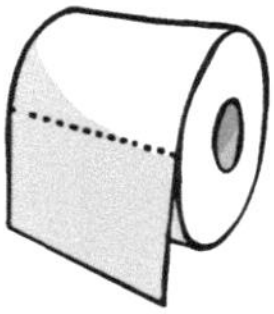

Klopapeer

тоалетна хартия

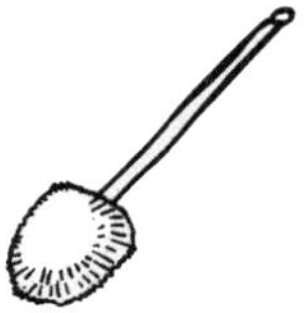

Kloböst

четка за тоалетна

Tähnböst

четка за зъби

Tähnpast

паста за зъби

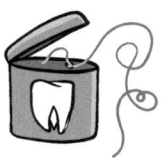

Tähnsied

конец за зъби

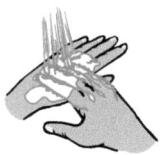

waschen

мия

Handbruus

ръчен душ

Intimbruus

интимен душ

Waschschöttel

леген

Rüchböst

четка за гръб

Seep

сапун

Bruusgeel

душ гел

Hoorwaschmiddel

шампоан за вана

Waschlappen

гъба за баня

Afloop

сифон

Creme

крем

Deodorant

дезодорант

Spegel

огледало

Kosmetikspegel

козметично огледало

Raserer

ръчна самобръсначка

Raseerschuum

пяна за бръснене

Raseerwater

одеколон за след
бръснене

Kamm

гребен

Böst

четка

Hoordröger

сешоар

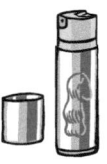

Hoorspray

спрей за коса

Smink

грим

Lippensticken

червило

Nagellack

лак за нокти

Watt

памук

Nagelscheer

ножица за нокти

Rüükwater

парфюм

Kulturbüdel

тоалетна чантичка

Schemel

табуретка

Waag

везна

Baadmantel

хавлия

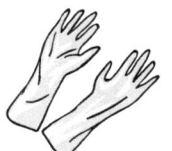
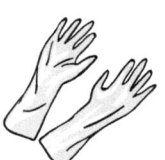

Gummihanschen

домакински ръкавици

Tampon

тампон

Damenbinn

дамски превръзки

Chemieklo

химическа тоалетна

Kinnerstuuv

детска стая

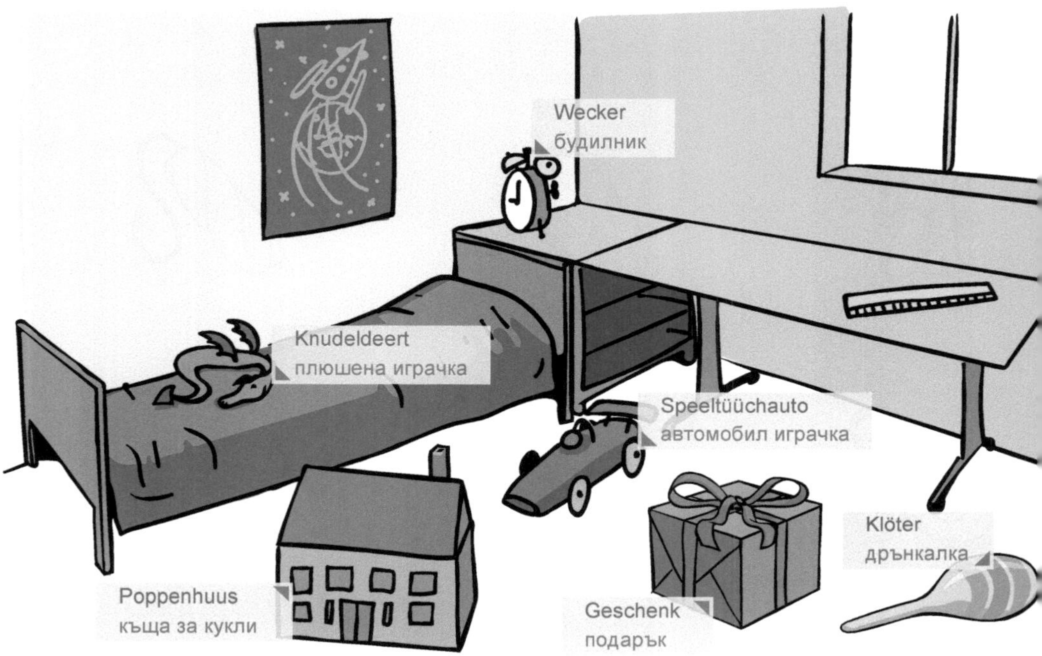

Wecker
будилник
Knudeldeert
плюшена играчка
Speeltüüchauto
автомобил играчка
Klöter
дрънкалка
Poppenhuus
къща за кукли
Geschenk
подарък

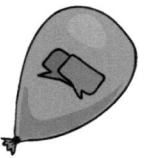

Luftballon

балон

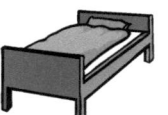

Puuch

легло

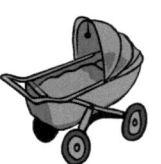

Kinnerwagen

детска количка

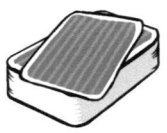

Koortenspeel

игра на карти

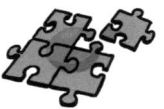

Puzzle

пъзел

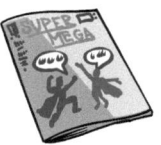

Billergeschicht

комикс

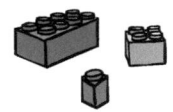

Legostenen

лего елементи

Bustenen

строителни елементи

Action-Figur

екшън фигурка

Strampelantog

бебешки гащеризон

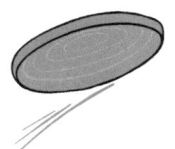

Frisbeeschiev

фрисби

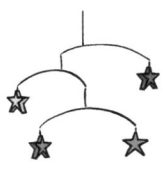

Mobile

бебешки играчки за легло

Brettspeel

настолна игра

Wörpel

зарче

Modelliesenbahn

миниатюрно влакче

Snuller

биберон

Party

парти

Billerbook

детска книга с илюстрации

Ball

топка

Popp

кукла

spelen

играя

Sandkassen

пясъчник

Schuckel

люлка

Speeltüüch

играчка

Speelkonsool

игрова конзола

Dreerad

велосипед с три колелета

Teddyboor

плюшено мече

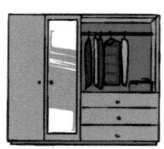

Klederschapp

гардероб

Tüüch

облекло

Socken

къси чорапи

Strümp

дълги чорапи

Strumpbüx

чорапогащник

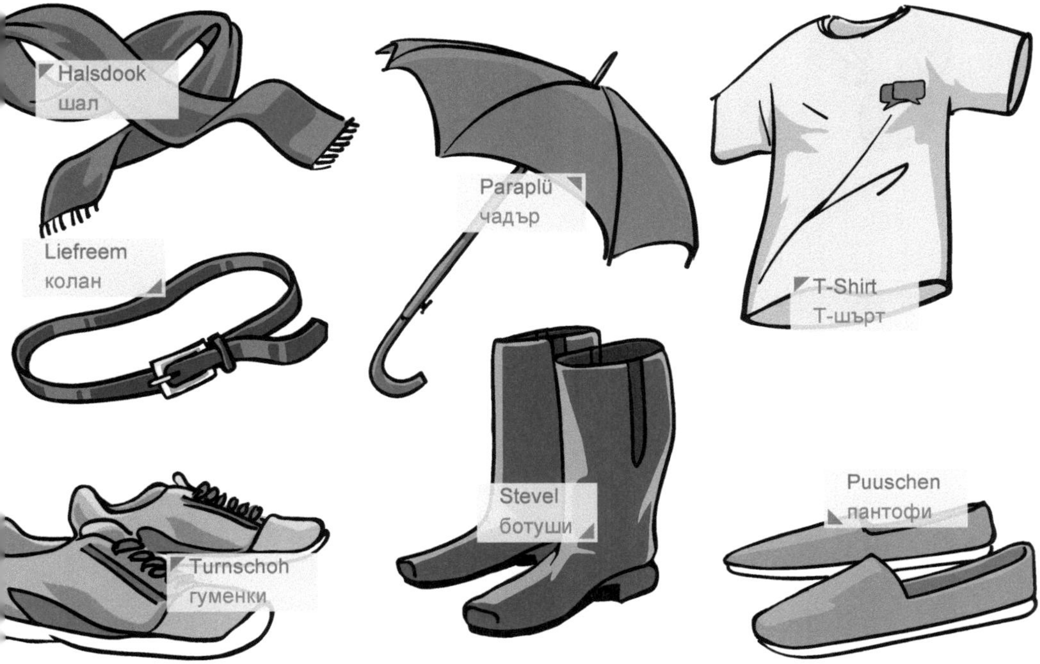

Halsdook
шал

Liefreem
колан

Paraplü
чадър

T-Shirt
Т-шърт

Turnschoh
гуменки

Stevel
ботуши

Puuschen
пантофи

Sandalen
сандали

Schoh
обувки

Gummistevel
гумени ботуши

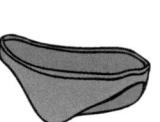

Ünnerbüx
слип

Bostholler
сутиен

Ünnerhemd
долна блуза

Tüüch - облекло

45

Lief

боди

Büx

панталон

Jeansnüx

дънки

Rock

пола

Bluus

блуза

Hemd

риза

Pullover

пуловер

Kapuzenpullover

суичър

Blazer

блейзър

Jack

яке

Mantel

палто

Övertrecker

дъждобран

Kostüm

костюм

Kleed

рокля

Hochtietskleed

булчинска рокля

Antog

костюм

Nachtkleed

нощница

Slaapantog

пижама

Sari

сари

Koppdook

кърпа за глава

Turban

тюрбан

Burka

бурка

Kaftan

кафтан

Abaya

абая

Baadantog

бански костюм

Baadbüx

плувни шорти

Korte Büx

къс панталон

Antog to'n Öven

анцуг

Schört

престилка

Handschoh

ръкавици

Knopp

копче

Brill

очила

Armband

гривна

Halskeed

верижка

Ring

пръстен

Ohrbummel

обеца

Mütz

каскет

Klederbögel

закачалка

Hoot

шапка

Binner

вратовръзка

Rietslüter

цип

Helm

каска

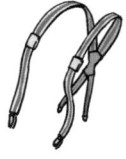

Drachtband

тиранти

Schooluniform

ученическа униформа

Uniform

униформа

Severböten
....
лигавник

Snuller
....
биберон

Winnel
....
пелена

Büro

офис

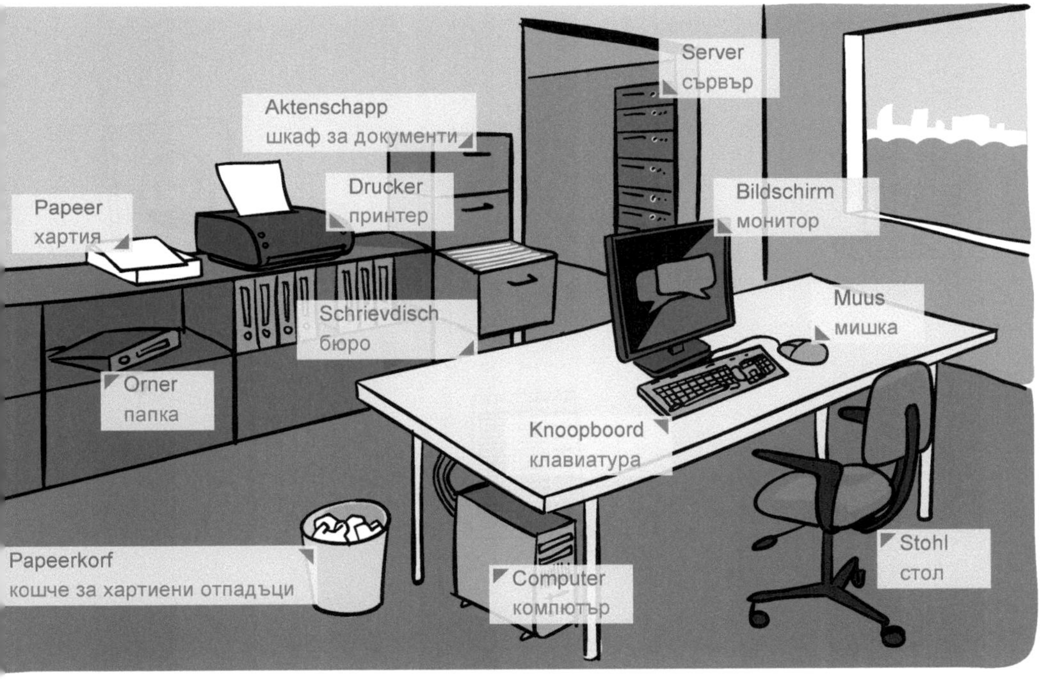

Server
сървър

Aktenschapp
шкаф за документи

Drucker
принтер

Bildschirm
монитор

Papeer
хартия

Muus
мишка

Schrievdisch
бюро

Orner
папка

Knoopboord
клавиатура

Stohl
стол

Papeerkorf
кошче за хартиени отпадъци

Computer
компютър

Koffiebeker
....
чаша за кафе

Taschenreekner
....
джобен калкулатор

Internet
....
интернет

Klappreekner

лаптоп

Breef

писмо

Naricht

съобщение

Ackersnacker

мобилен телефон

Nettwark

мрежа

Kopeerapparat

ксерокс

Software

софтуер

Klöönkassen

телефон

Steekdoos

контакт

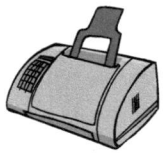

Faxapparat

факс

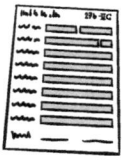

Formulor

формуляр

Dokument

документ

köpen

купувам

betahlen

плащам

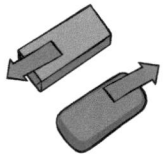

hanneln

търгувам

Geld

пари

 USD

Dollar

долар

 EUR

Euro

евро

 JPY

Yen

йена

 RUB

Ruvel

рубла

 CHF

Swiezer Franken

швейцарски франк

 CNY

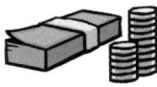

Renminbi Yuan

ренминби юан

 INR

Rupie

рупия

Geldautomat

банкомат

Wesselstuuv

обменно бюро

Gold

злато

Sülver

сребро

Ööl

нефт

Energie

енергия

Pries

цена

Verdrag

договор

Stüer

данък

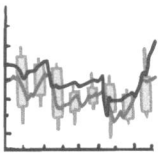

Andeelschien

акция

arbeiden

работя

Anstellte

служител

Arbeitgever

работодател

Fabrik

фабрика

Hökerie

магазин за цветя

Profeschonen

професии

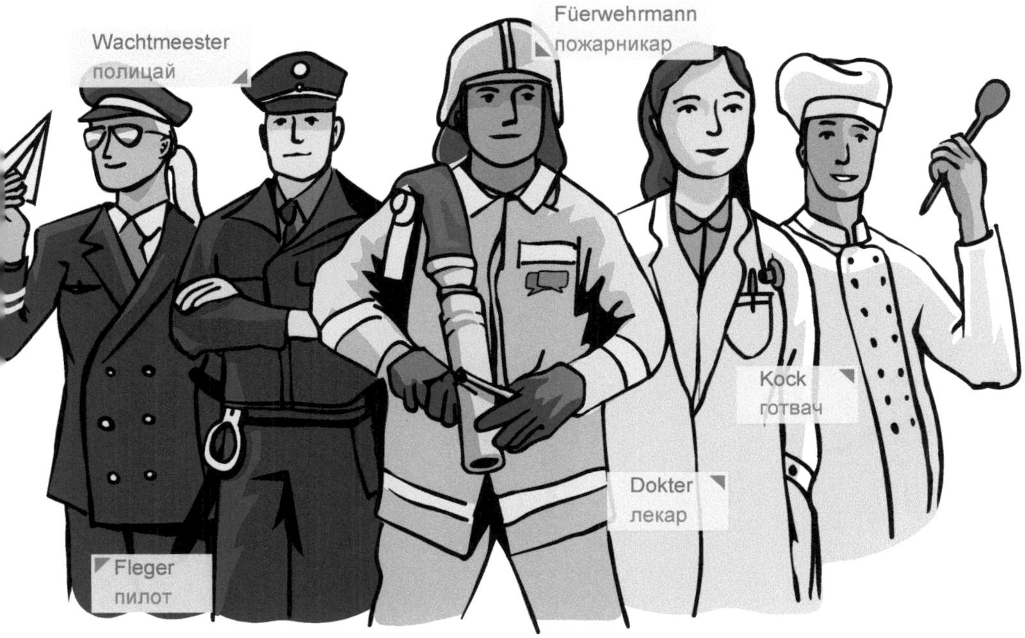
Füerwehrmann
пожарникар
Wachtmeester
полицай
Kock
готвач
Dokter
лекар
Fleger
пилот

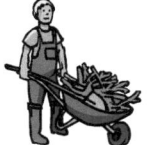

Goorner

градинар

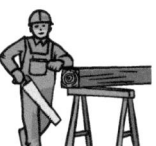

Discher

мебелист

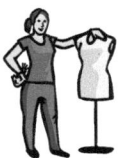

Neihersche

шивачка

Richter

съдия

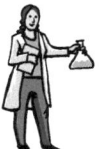

Chemiker

химик

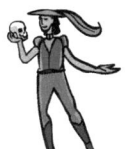

Schauspeler

артист

Busfohrer

шофьор на автобус

Taxifohrer

шофьор на такси

Fischer

рибар

Reinmaakfru

чистачка

Dackdecker

майстор на покриви

Kellner

келнер

Jäger

ловец

Maler

художник

Bäcker

хлебар

Elektriker

електротехник

Buarbeider

строителен работник

Ingenieur

инженер

Slachter

касапин

Klempner

тенекеджия

Postbüdel

пощальон

Suldat

войник

Architekt

архитект

Kasserer

касиер

Florist

цветар

Putzbüdel

фризьор

Schaffner

кондуктор

Mechaniker

механик

Kaptein

капитан

Tähndokter

зъболекар

Wetenschopler

научен работник

Rabbi

равин

Imam

имàм

Mönk

монах

Paap

свещеник

Warktüüch
инструменти

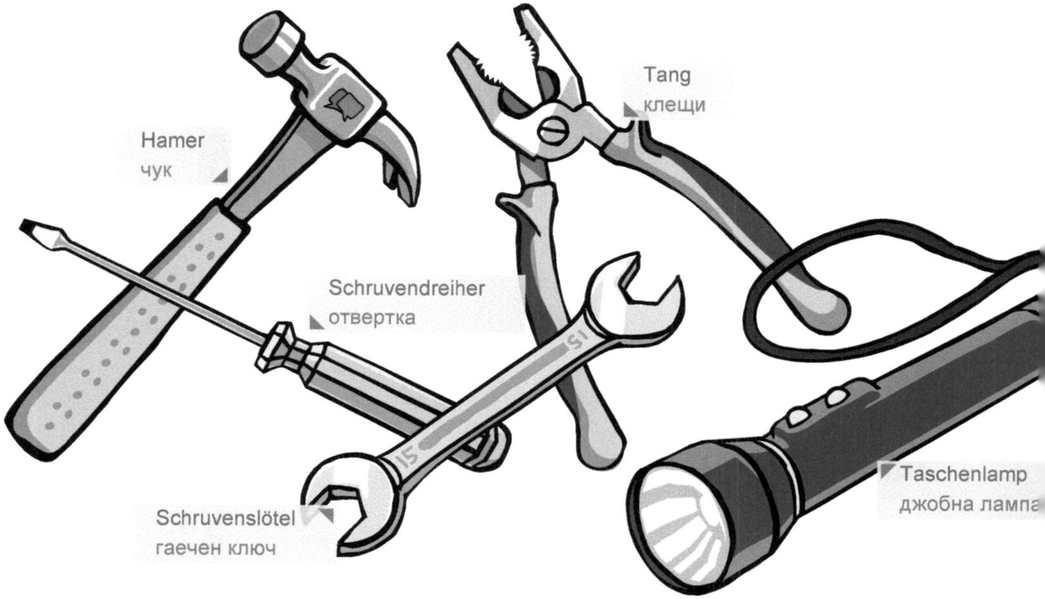
Hamer
чук
Tang
клещи
Schruvendreiher
отвертка
Schruvenslötel
гаечен ключ
Taschenlamp
джобна лампа

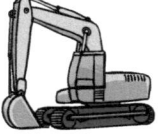

Grieper
багер

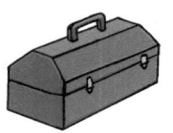

Warktüüchkassen
кутия за инструменти

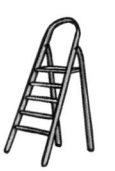

Ledder
стълба

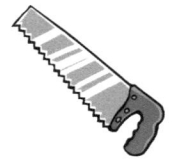

Saag
трион

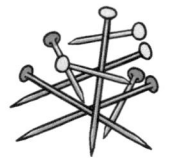

Nagels
пирони

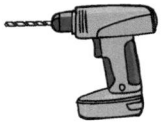

Bohrer
бормашина

heelmaken
ремонтирам

Schüffel
лопата

Schiet!
По дяволите!

Kehrblick
лопатка за смет

Farvpott
кутия за боя

Schruven
болтове

Musikinstrumenten
музикални инструменти

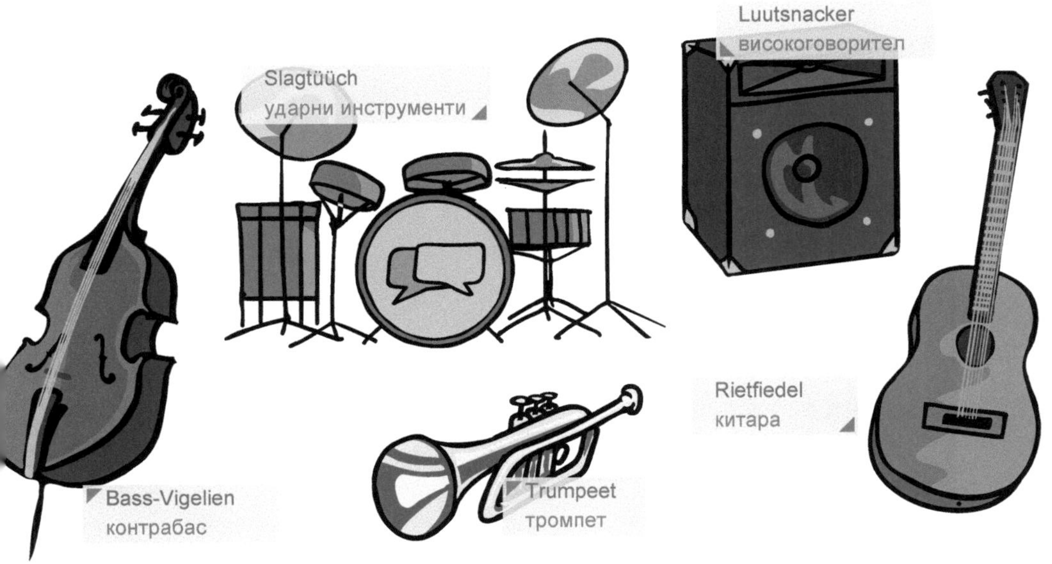

Slagtüüch
ударни инструменти

Luutsnacker
високоговорител

Rietfiedel
китара

Bass-Vigelien
контрабас

Trumpeet
тромпет

Klaveer

пиано

Vigelien

виолина

Bass

контрабас

Pauk

тимпан

Trummeln

барабан

Keyboard

електрическо пиано

Saxophon

саксофон

Fleut

флейта

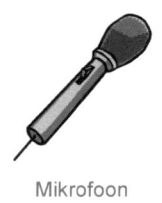

Mikrofoon

микрофон

Deertenpark

зоологическа градина

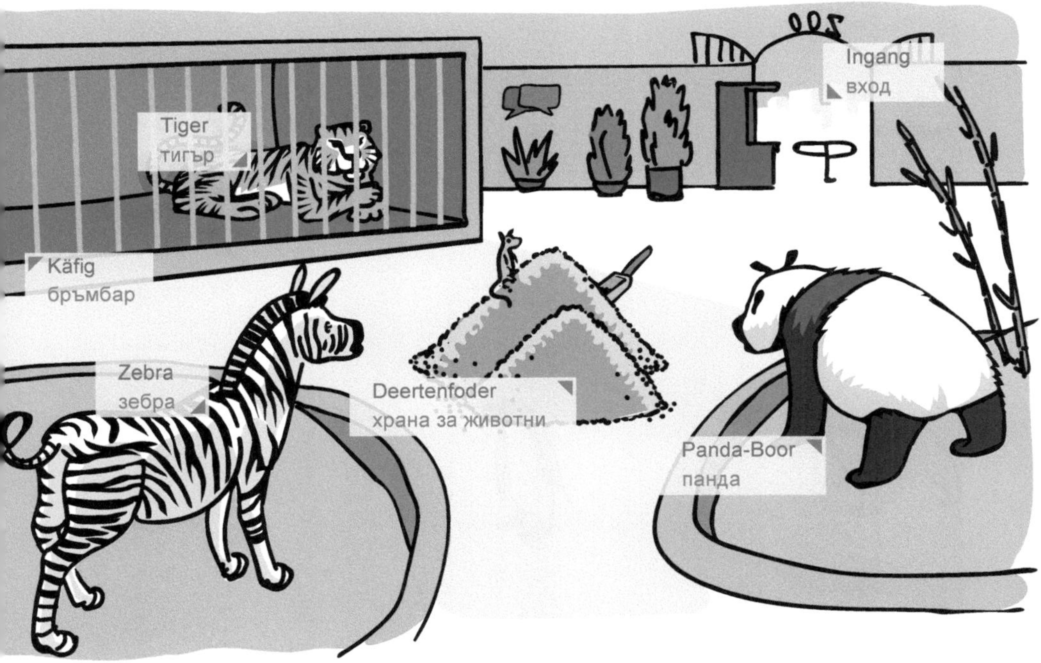
Ingang
вход
Tiger
тигър
Käfig
бръмбар
Zebra
зебра
Deertenfoder
храна за животни
Panda-Boor
панда

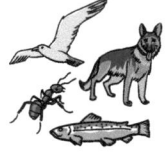

Deerten

животни

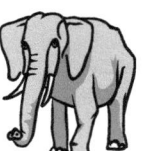

Elefant

слон

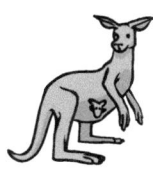

Känguru

кенгуру

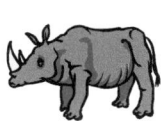

Neeshoorn

носорог

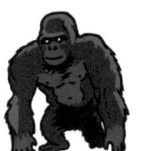

Gorilla

горила

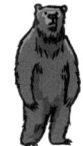

Boor

мечка

Kameel

камила

Struuß

щраус

Lööv

лъв

Aap

маймуна

Flamingo

фламинго

Papagoi

папагал

Iesboor

бяла мечка

Pinguin

пингвин

Haifisch

акула

Pageluun

паун

Slang

змия

Krokodil

крокодил

Oppasser in'n Deertenpark

пазач в зоологическа
градина

Saalhund

тюлен

Jaguor

ягуар

Pony

пони

Leopard

леопард

Nilpeerd

хипопотам

Giraff

жираф

Aadler

орел

Wildswien

диво прасе

Fisch

риба

Schildkrööt

костенурка

Walross

морж

Voss

лисица

Gazell

газела

Amerikaansch Football
американски футбол

Radfohren
колоездене

Tennis
тенис

Korfball
баскетбол

Swümmen
плуване

Boxen
бокс

Ieshockey
хокей на лед

Football
футбол

Fedderball
бадминтон

Leichtathletik
лека атлетика

Handball
хандбал

Skilopen
ски бягане

Polo
поло

Aktivitäten
дейности

springen
скачам
ümarmen
прегръщам
lachen
смея се
gahn
вървя
singen
пея
drömen
сънувам
beden
моля се
snuteln
целувам

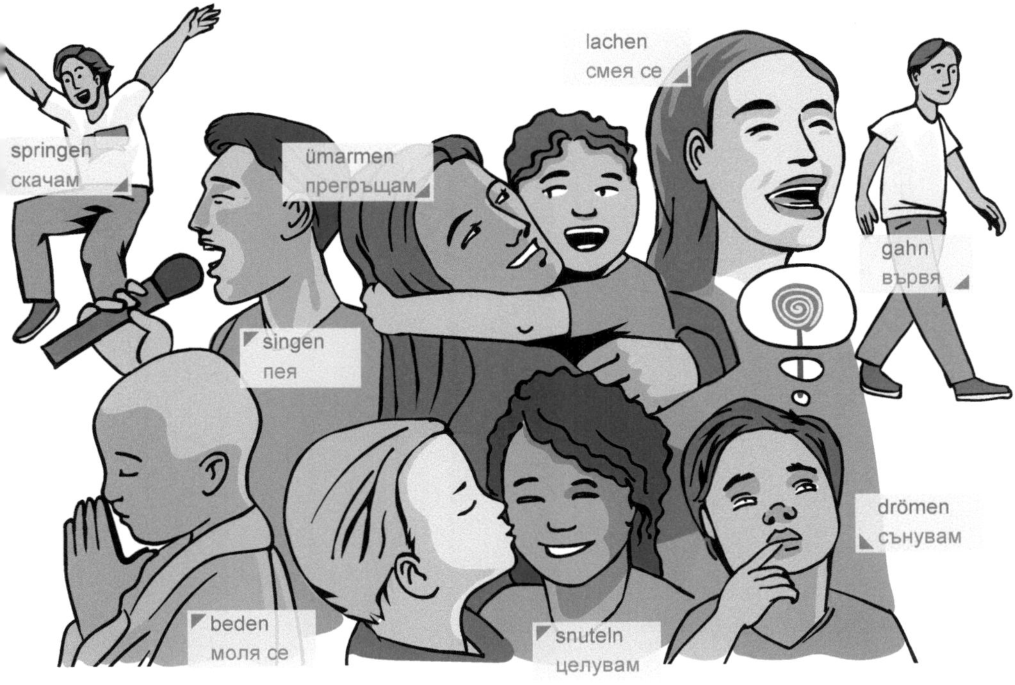

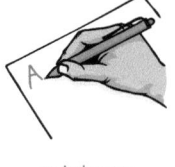

schrieven
пиша

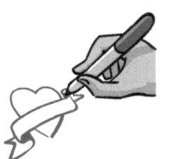

teken
рисувам

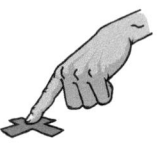

wiesen
показвам

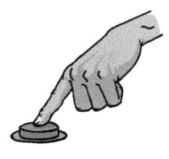

drücken
бутам

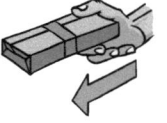

geven
давам

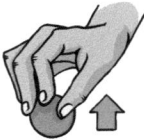

nehmen
взимам

hebben

имам

doon

правя

sien

съм

stahn

стоя

lopen

тичам

trecken

дърпам

smieten

хвърлям

fallen

падам

liggen

лежа

töven

чакам

dregen

нося

sitten

седя

antrecken

обличам

slapen

спя

opwaken

събуждам се

Aktivitäten - дейности

ankieken

разглеждам

wenen

плача

eien

милвам

kämmen

реша се

snacken

говоря

verstahn

разбирам

fragen

питам

hören

слушам

drinken

пия

eten

ям

oprümen

разтребвам

leefhebben

обичам

kaken

готвя

fohren

карам автомобил

flegen

летя

Aktivitäten - дейности

segeln

плавам (с платна)

reken

смятане

lesen

чета

lehren

уча

arbeiden

работя

de Plünnen tohoopsmieten

женя се

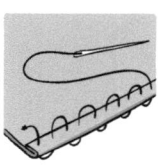

neihen

шия

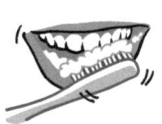

Tähnen putzen

измивам си зъбите

dootmaken

убивам

smöken

пуша

schicken

изпращам

Familje

семейство

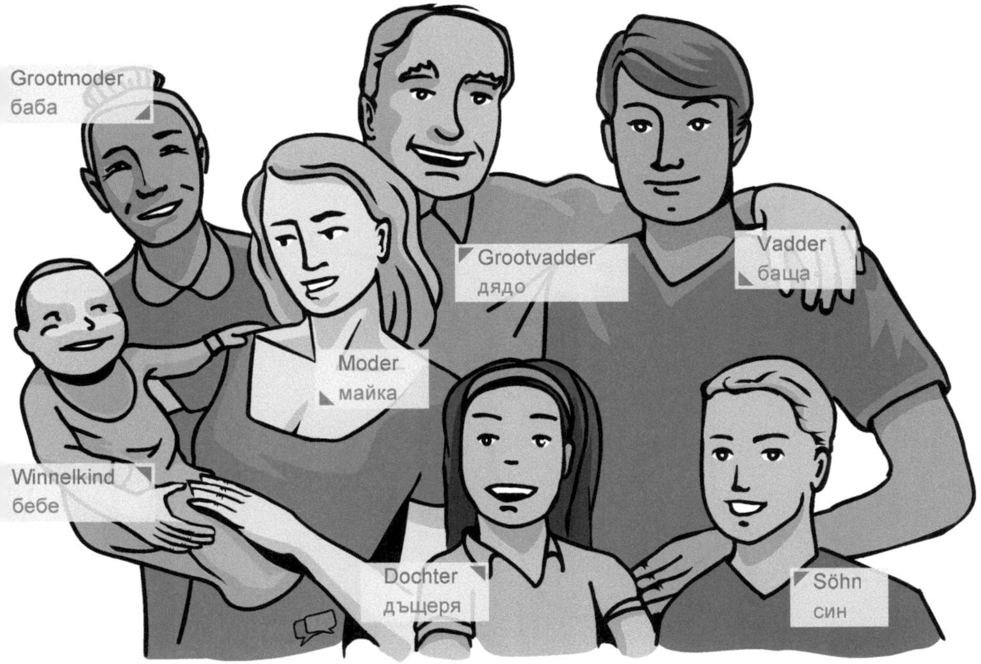

Grootmoder
баба
Grootvadder
дядо
Vadder
баща
Moder
майка
Winnelkind
бебе
Dochter
дъщеря
Söhn
син

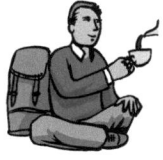

Gast
посетител

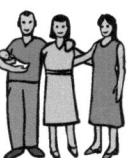

Tant
леля

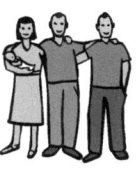

Unkel
чичо

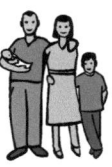

Broder
брат

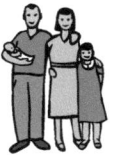

Süster
сестра

Lief

тяло

Vörkopp
чело
Oog
око
Schuller
рамо
Finger
пръст
Gesicht
лице
Kinn
брадичка
Hand
ръка
Been
крак
Bost
гърди
Arm
ръка

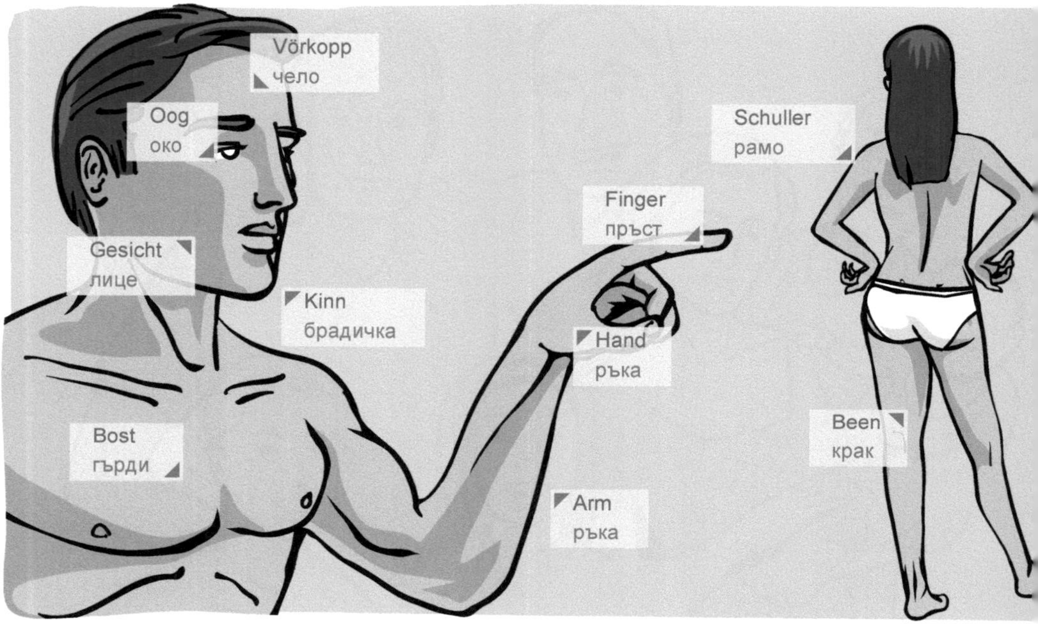

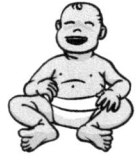

Winnelkind
бебе

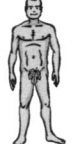

Mann
мъж

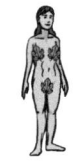

Fro
жена

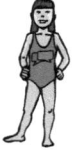

Deern
момиче

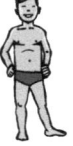

Jung
момче

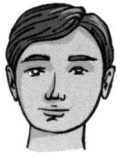

Arm
глава

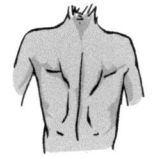

Rüch

гръб

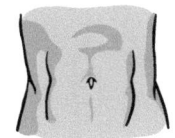

Buuk

корем

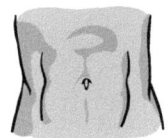

Navel

пъп

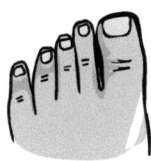

Teh

пръст на крака

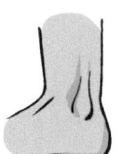

Hack

пета

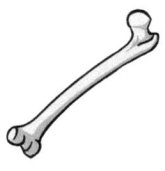

Knaken

кост

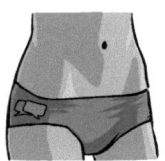

Hüft

хълбок

Knee

коляно

Ellbagen

лакът

Nees

нос

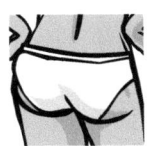

Achtersen

седалище

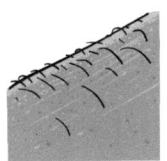

Huut

кожа

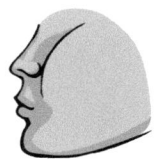

Back

буза

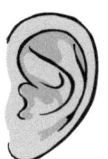

Ohr

ухо

Lipp

устна

Mund

уста

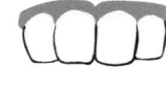

Tähn

зъб

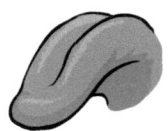

Tung

език

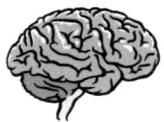

Bregen

мозък

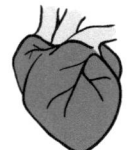

Hart

сърце

Muskel

мускул

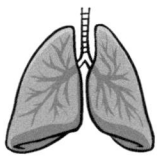

Lung

бял дроб

Lever

черен дроб

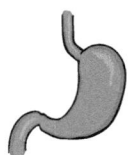

Maag

стомах

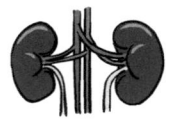

Neren

бъбреци

Bislaap

полово сношение

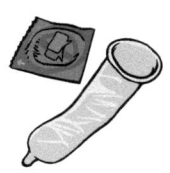

Kondoom

кондом

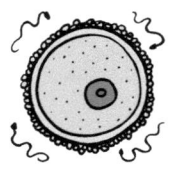

Eizell

яйцеклетка

Sperma

сперма

Anner Ümstänn

бременност

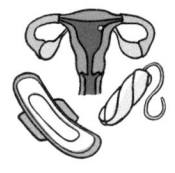

Menstruatschoon

менструация

Scheed

вагина

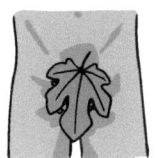

Pint

пенис

Ogenbroe

вежда

Hoor

коса

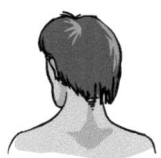

Hals

шия

Krankenhuus
болница

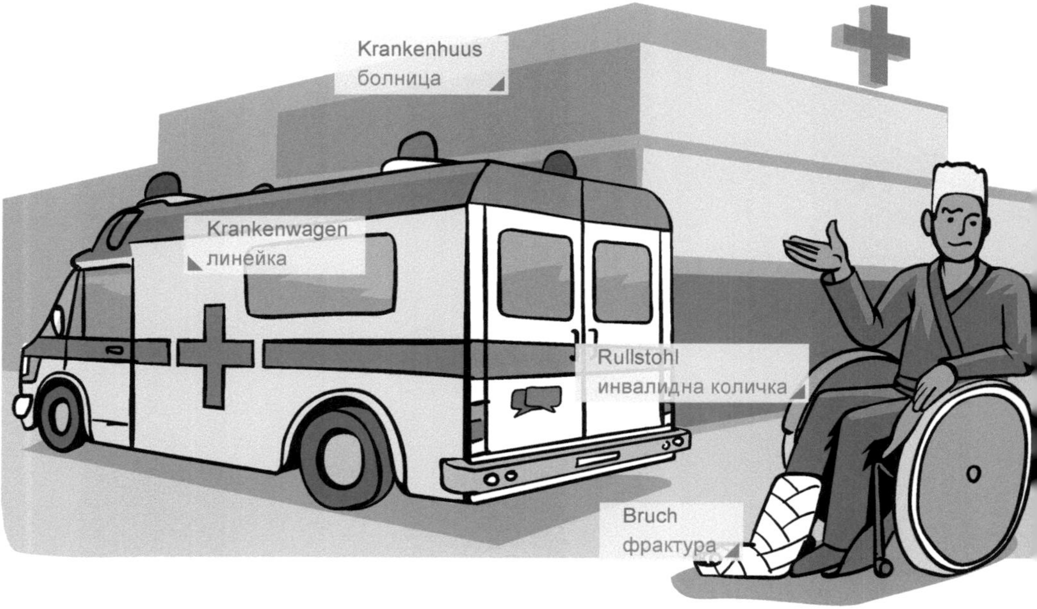

Krankenhuus
болница
Krankenwagen
линейка
Rullstohl
инвалидна количка
Bruch
фрактура

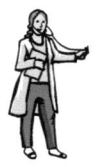

Dokter

лекар

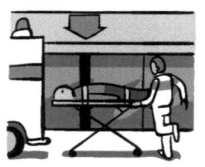

Nootopnahm

спешна хоспитализация

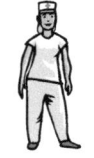

Krankensüster

медицинска сестра

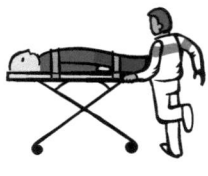

Nootfall

спешен случай

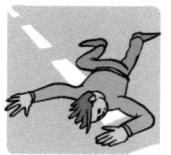

ahnmächtig

в безсъзнание

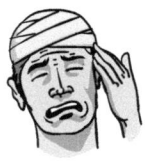

Wehdaag

болка

Verwunnen

нараняване

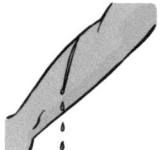

Blöden

кървене

Hartinfarkt

инфаркт

Slaganfall

инсулт

Allergie

алергия

Hoosten

кашлица

Fever

температура

Gripp

грип

Dörchfall

диария

Koppwehdaag

главоболие

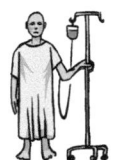

Kreeft

рак

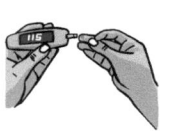

Zuckersüük

диабет

Chirurg

хирург

Chirurgsch Mess

скалпел

Operatschoon

операция

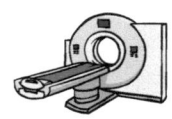

CT

компютърна томография

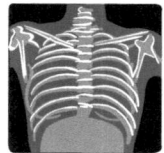

Dörchlüchten

рентген

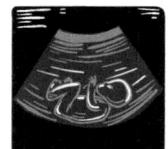

Ultraschall

ултразвук

Mask

маска

Krankheit

болест

Töövruum

чакалня

Krück

патерица

Plaaster

пластир

Verband

превръзка

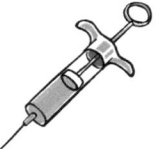

Insprütten

инжекция

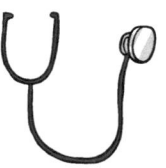

Stethoskop

стетоскоп

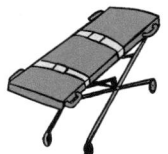

Draag

носилка

Feverthermometer

термометър

Geboort

раждане

Övergewicht

наднормено тегло

Höörapparat

слухов апарат

Kiemfriemiddel

дезинфекционно средство

Ansteken

инфекция

Virus

вирус

HIV / AIDS

HIV / AIDS

Heelmiddel

медицина

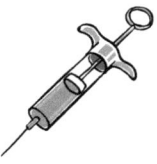

Impen

ваксинация

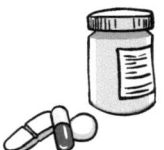

Tabletten

таблети

Pill

противозачатъчна таблетка

Nootroop

спешно телефонно обаждане

Blootdruck-Meter

апарат за измерване на кръвното налягане

krank / gesund

болен / здрав

Hölp!

Помощ!

Alarm

сигнал за тревога

Överfall

нападение

Angreep

атака

Gefohr

опасност

Nootutgang

аварien изход

Füer!

Пожар!

Füerlöscher

пожарогасител

Unfall

злополука

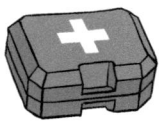

Noothölpkoffer

комплект за оказване на
първа помощ

SOS

SOS

Polizei

полиция

Europa

Европа

Noordamerika

Северна Америка

Süüdamerika

Южна Америка

Afrika

Африка

Asien

Азия

Australien

Австралия

Atlantik

Атлантически океан

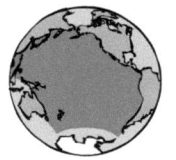

Pazifik

Тихи океан

Indisch Weltmeer

Индийски океан

Antarktisch Weltmeer

Южен ледовит океан

Arktisch Weltmeer

Северен ледовит океан

Noordpol

Северен полюс

Süüdpol

Южен полюс

Antarktis

Антарктида

Eerd

Земя

Land

суша

See

море

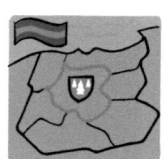

Eiland

остров

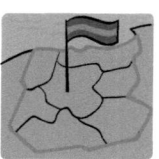

Natschoon

нация

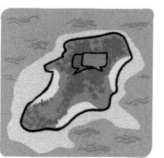

Staat

държава

Tallenblatt

циферблат

Stunnenwieser

стрелка на часовете

Minutenwieser

стрелка на минутите

Sekunnenwieser

стрелка на секундите

Wo laat is dat?

Колко е часът?

Dag

ден

Tiet

време

nu

сега

digetaalsch Klock

дигитален часовник

Minuut

минута

Stunn

час

Week

седмица

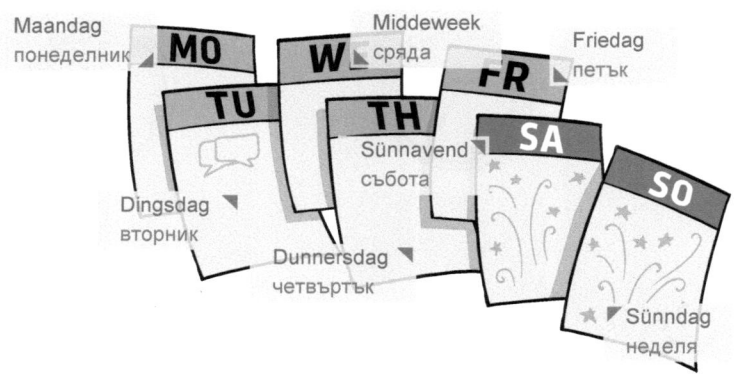

güstern
....
вчера

hüüt
....
днес

morgen
....
утре

Morgen
....
сутрин

Meddag
....
обед

Avend
....
вечер

Arbeitsdaag
....
работни дни

Wekenenn
....
уикенд

Regen
дъжд

Regenbagen
дъга

Snee
сняг

Wind
вятър

Fröhjohr
пролет

Harvst
есен

Sommer
лято

Winter
зима

4.APRIL	11°	☀
5.APRIL	4°	🌧
6.APRIL	13°	⛅
7.APRIL	8°	❄
8.APRIL	10°	☀

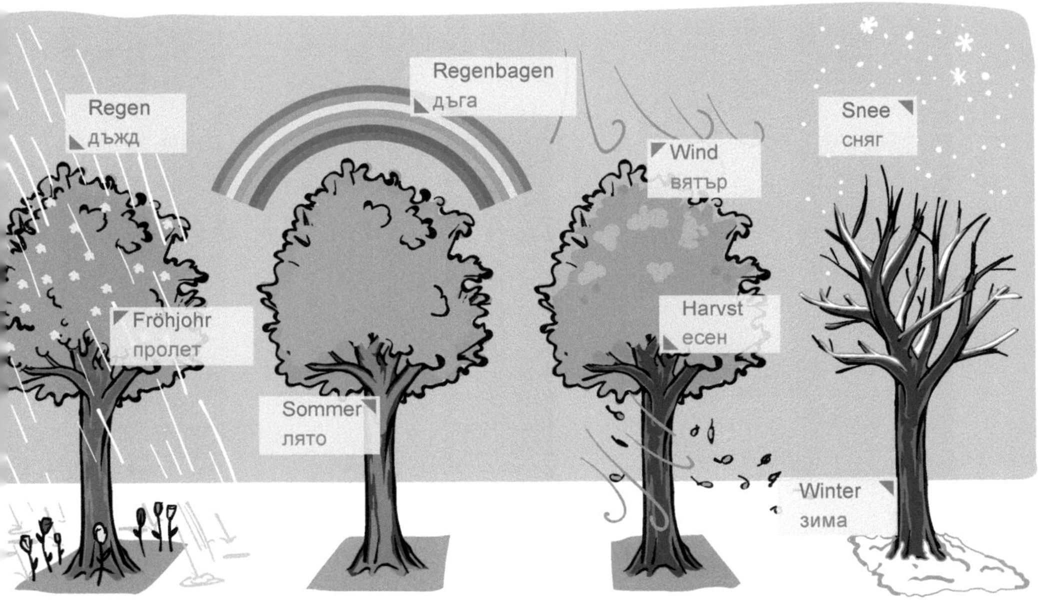

Wedervörhersaag

прогноза за времето

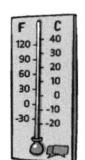

Thermometer

термометър

Sünnenschien

слънчева светлина

Wulk

облак

Nevel

мъгла

Luftfuchtigkeit

влажност на въздуха

Blitz

светкавица

Dunner

гръмотевица

Storm

буря

Hagel

градушка

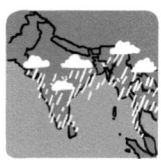

Monsun

мусон

Floot

наводнение

Ies

лед

Januormaand

януари

Februormaand

февруари

Martmaand

март

Aprilmaand

април

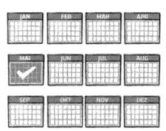

Maimaand

май

Junimaand

юни

Julimaand

юли

Augustmaand

август

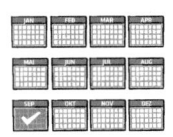

Septembermaand

септември

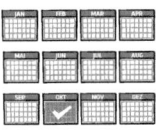

Oktobermaand

октомври

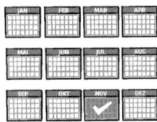

Novembermaand

ноември

Dezembermaand

декември

Formen

форми

Krink

кръг

Quadrat

квадрат

Rechteck

четириъгълник

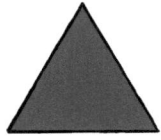

Dreeeck

триъгълник

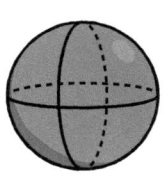

Kugel

сфера

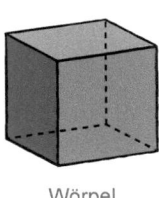

Wörpel

куб

Farven

цветове

witt

бял

geel

жълт

orangsch

оранжев

pink

розов

root

червен

lila

лилав

blau

син

gröön

зелен

bruun

кафяв

gries

сив

swart

черен

противоположности

veel / wenig

много / малко

böös / verdreeglich

ядосан / спокоен

smuck / mies

красив / грозен

Begünn / Enn

начало / край

groot / lütt

голям / малък

hell / düüster

светъл / тъмен

Broder / Süster

брат / сестра

schier / schietig

чист / мръсен

kumpleet / nich kumpleet

пълен / непълен

Dag / Nacht

ден / нощ

doot / lebennig

мъртъв / жив

breet / small

широк / тесен

geneetbor / nich geneetbor

ядлив / неядлив

böös / fründlich

сърдит / любезен

fickerig / langwielt

развълнуван / скучаещ

dick / dünn

дебел / тънък

toeerst / toletzt

най-напред / най-накрая

Fründ / Fiend

приятел / враг

vull / leddig

пълен / празен

hart / week

твърд / мек

swoor / licht

тежък / лек

Smacht / Döst

глад / жажда

krank / gesund

болен / здрав

nich na't Recht / na't Recht

нелегален / легален

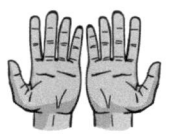

klook / dummerhaftig

интелигентен / глупав

linkerhand / rechterhand

ляво / дясно

neeg / feern

близо / далече

nieg / bruukt

нов / употребяван

nix / wat

нищо / нещо

oolt / jung

стар / млад

an / ut

вкл. / изкл.

apen / slaten

отворен / затворен

lies / luut

тих / силен (звук)

riek / arm

богат / беден

richtig / verkehrt

правилен / погрешен

ruug / glatt

грапав / гладък

trurig / glücklich

тъжен / щастлив

kort / lang

дълъг / къс

suutje / flink

бавен / бърз

natt / dröög

мокър / сух

warm / köhl

топъл / студен

Krieg / Freden

война / мир

0

null

нула

1

een

едно

2

twee

две

3

dree

три

4

veer

четири

5

fief

пет

6

söss

шест

7

söven

седем

8

acht

осем

9

negen

девет

10

teihn

десет

11

ölven

единадесет

12
twölf
дванадесет

13
dörteihn
тринадесет

14
veerteihn
четиринадесет

15
föffteihn
петнадесет

16
sössteihn
шестнадесет

17
söventeihn
седемнадесет

18
achtteihn
осемнадесет

19
negenteihn
деветнадесет

20
twintig
двадесет

100
hunnert
сто

1.000
dusend
хиляда

1.000.000
million
милион

Engelsch

английски

Amerikaansch Engelsch

американски английски

Chineesch Mandarin

китайски мандарин

Hindi

хинди

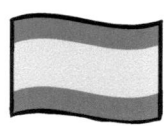

Spaansch

испански

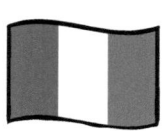

Franzöösch

френски

Araabsch

арабски

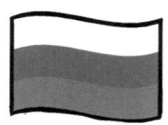

Rusch

руски

Portugiesch

португалски

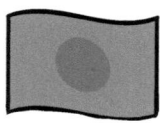

Bengaalsch

бенгалски

Düütsch

немски

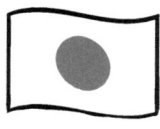

Japaansch

японски

ik

аз

du

ти

he / se / dat

той / тя / то

wi

ние

ji

вие

se

те

keen?

кой?

wat?

какво?

woans?

как?

woneem?

къде?

wannehr?

кога?

Naam

име

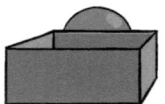

achter

зад

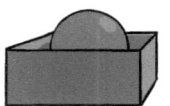

in

в

vör

пред

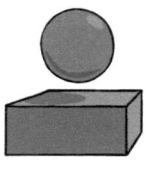

över

над

op

върху

ünner

под

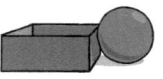

blangen

до

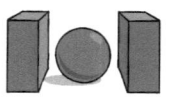

twüschen

между

Oort

място